SCHNITZELJAGD UND LAGERFEUER

Für Melker und Kristina Granström für glückliche Zeiten
und gemeinsame Abenteuer in der Wildnis Lapplands – Mick und Brita

Die Illustrationen wurden mit Zeichenstift und Aquarellfarben angefertigt.
Der Großteil der naturkundlichen Zeichnungen stammt von Mick Manning.
Brita Granström hat die Menschen, einen Teil der Pflanzen und einige Küstentiere gezeichnet.

Die Originalausgabe erschien 2015 unter dem Titel *Wild Adventures*
bei Frances Lincoln Limited, London
Copyright © 2015 Frances Lincoln Limited
Frances Lincoln Children's Books
74-77 White Lion Street
London N1 9PF
Großbritannien
www.franceslincoln.com
Text der Originalausgabe und Illustrationen © 2015 Mick Manning/Brita Granström
Alle Rechte vorbehalten

Deutsche Ausgabe Copyright © 2017 Gerstenberg Verlag, Hildesheim
Alle deutschsprachigen Rechte vorbehalten
Handlettering: Ingrid Sissung, Hildesheim

Aus dem Englischen von Margot Wilhelmi, Sulingen
Der Gerstenberg Verlag dankt Jorunn Wissmann, Binnen, für die fachliche Durchsicht.
Printed in China
www.gerstenberg-verlag.de
ISBN 978-3-8369-5932-2

SCHNITZELJAGD UND LAGERFEUER

Naturabenteuer für Kinder

GERSTENBERG

Inhalt

Einführung

In diesem Buch wollen wir Aktivitäten in freier Natur vorstellen, die uns und unseren vier Kindern großen Spaß machen. Wir zeigen, wie man Höhlen baut und geheime Botschaften übermittelt, wir bestimmen Sternbilder und Wolkenformationen und verraten, wie man Tiere in den Garten lockt. Wir fangen Fische, braten sie über dem Lagerfeuer und backen einen Kuchen in einer ausgehöhlten Orange … Bei einigen dieser Aktivitäten brauchst du die Unterstützung von Erwachsenen. Und du musst immer die Sicherheitshinweise beachten. Aber wenn du dich daran hältst, werden wir eine Menge Spaß miteinander haben!

VORSICHT

Beachte immer die Sicherheitshinweise in den roten Kreisen! Die meisten Aktivitäten können nur von Familien oder im Beisein Erwachsener durchgeführt werden. Beachte deshalb alle Anleitungen genau. Jetzt aber: Auf ins Abenteuer Natur!

Abenteuer Wald

Auf Bäume klettern, Tiere entdecken und beobachten, Höhlen und Verstecke bauen ... Im Wald kann man viel erleben! Lausche den Gesängen der Vögel, dem Knacken und Rascheln von Zweigen und Blättern. Gibt es einen besseren Ort für immer neue Abenteuer in der Wildnis – zu jeder Jahreszeit? Auch in deiner Nähe gibt es Parks und Wälder zu entdecken.

Der Kreislauf des Lebens

Vom Totholz leben Pilze und Bakterien. Diese ernähren eine Fülle von Kleinstlebewesen, die den Boden für das Wachstum der Bäume verbessern. In der Laubstreu leben zahllose Insekten und Mikroorganismen, die Vögeln und Kleinsäugern als Nahrung dienen.

Viele Eulenarten lieben den Wald. Sie fangen kleine Tiere und brüten in Baumhöhlen oder am Waldboden.

Das ist eine Waldohreule.

Ich fühle, es ist eine Birke!

BUM! BUM! BUM!

Hast du schon mal auf einem hohlen Baumstamm getrommelt? Spechte tun das – also probier's mal und horch, ob einer antwortet!

Mein Freund, der Baum

Bäume sind fantastische Lebewesen. Keiner gleicht dem anderen: Ob krumm oder gerade, moosbewachsen oder glatt, jeder Baum hat seinen eigenen Charakter. Für folgendes Spiel müsst ihr mindestens zu zweit sein. Einer verbindet dem anderen die Augen mit einem Schal und führt ihn zu einem Baum. Nur durch Fühlen, Hören und Riechen dürfen die „Blinden" nun den Baum erkunden ...
Nach fünf Minuten werden sie dann ein Stück vom Baum weggeführt und ein paarmal sanft im Kreis gedreht. Nun wird der Schal abgenommen. Wer findet „seinen" Baum wieder?

Auf die Bäume

Eichen eignen sich besonders gut zum Klettern. Das macht Spaß!

Ist die Borke rau oder glatt?

Welche Geräusche macht der Baum?

Wie riecht er?

Achte auf Fraßspuren von Tieren.

VORSICHT

Klettere nie auf morschem oder glitschigem Holz. Meide Rosskastanien und Weiden, ihre Äste brechen leicht ab.

Klettere nicht zu hoch und streck dich nicht zu weit...

Juhu!

...und halte dich immer mit mindestens einer Hand fest.

Haselnüsse mit Fraßspuren von:

3. Rötelmaus

2. Kleiber

1. Waldmaus

Eichhörnchen und Grauhörnchen lassen abgenagte Zapfen liegen.

Biber waren in Europa weitgehend ausgerottet, nun gibt es sie wieder in größerer Zahl.

Wenn du also am Wasser bist, schau mal, ob du die Spuren ihrer kräftigen Nagezähne entdecken kannst.

7

Spiele im Wald

Geheime Zeichen aus Stöcken und Steinen werden schon seit Jahrtausenden von Jägern und Nomaden in aller Welt benutzt. Pfadfinder und Waldjugendgruppen haben sie wiederentdeckt. Es macht Spaß, Wegweiser zu legen und damit ein tolles Versteckspiel zu spielen.

Links abbiegen!

Hier lang – über Hindernisse!

Sammle schon vor dem Spiel kleine Stöcke und Steine. Dann geht's schneller.

Hier entlang!

Rechts abbiegen!

Da lang!

Diesem Pfad nicht folgen!

Das muss schnell gehen!

Hier entlang!

Eine Schnitzeljagd im Wald macht Spaß.

Hier geht's zu einer Nachricht.

Nach Hause/ zurück zum Start!

Versteck: Gehe sechs Schritte in Pfeilrichtung!

VORSICHT!
Meide Straßen und tiefes Wasser!

Schnitzeljagd im Wald

Dieses Geländespiel kann man mit der ganzen Familie oder mit Freunden spielen. Zwei „einsame Wölfe" legen mit 20 Minuten Vorsprung die Spuren: etwa alle 50 Schritte gibt es einen Hinweis. Der Weg sollte keinesfalls immer geradeaus gehen, sondern abzweigen und auch mal in eine Sackgasse führen. Am Ende müssen sich die Spurenleger verstecken. Kann euer Wolfsrudel sie finden? Besonderen Spaß macht es, am Ziel einen Schatz mit Süßigkeiten zu verstecken. Vorher müsst ihr die Zeichen vereinbaren, damit alle die Spuren lesen können!

Sie sind uns auf der Spur!

Hihi, die finden uns hier nie!

Ich habe einen Pfeil gefunden!

Hier lang!

9

Hütten und Zelte

Es macht Spaß, Hütten und Höhlen zu bauen. Und solch ein Unterschlupf schützt vor Wind und Wetter. Mit deinen Geschwistern oder Freunden kannst du z. B. Räuberhöhlen oder ein Sheriffbüro bauen. Eure Unterstände können alles sein, was ihr wollt. Überlegt euch ein Codewort, das jeder nennen muss, ehe er eintreten darf. So werden nur du und deine Freunde eingelassen!

Bau ein Zelt

Du brauchst:
– zwei etwa einen Meter lange Stangen
– eine Plane, ein altes Bettlaken oder eine alte Decke
– eine Plastikplane für den Boden
– etwa zehn Meter feste Schnur, z. B. eine alte Wäscheleine
– Holzpflöcke oder Heringe aus Metall
– eine feste Schnur oder Wäscheleine (kein Kunststoff) als Spannleinen

1. Schlage die beiden Stangen im Abstand von etwa zwei Metern in den Boden (oder suche dir zwei Bäume, die zwei Meter auseinanderstehen). Spanne die Schnur zwischen den beiden Stangen oder Bäumen und binde sie gut fest.
2. Befestige je eine lange Spannleine an jeder Zeltstange und schlage das andere Ende mit einem Pflock oder Hering am jeweiligen Zeltende in den Boden.
3. Breite deine Decke über die Schnur, spanne sie und befestige sie mit Pflöcken oder Heringen im Boden. Dazu musst du an den vier Ecken Löcher in die Decke schneiden und dort kurze Spannleinen befestigen. Lege den Boden mit einer Plastikplane aus, damit es im Zelt schön trocken bleibt.

Federn oder Wimpel als Verzierung

Selbst gemachte Wimpel aus einem alten Hemd oder Rock →

Hier könnte ich den ganzen Tag bleiben!

Halte die Stangen mit Spannleinen in Position.

Bis die Kekse alle sind!

10

Camping

Höhlen bauen macht Spaß, aber in einem richtigen Zelt zu kampieren sollte jeder unbedingt einmal ausprobieren. Draußen unterm Sternenhimmel zu übernachten hat einen besonderen Reiz. Am besten zeltet man auf einem kleinen ländlichen Campingplatz mit Toiletten und Waschräumen. Besorge dir ein wasserdichtes Zelt, einen Schlafsack und eine Isomatte und packe einen Rucksack mit dem Nötigsten – schon kann's losgehen.

Sauberes Wasser ist beim Zelten ganz wichtig.

VORSICHT
Wenn du Wasser aus Tümpeln oder Bächen trinkst, kannst du krank werden, also nimm Wasser in Flaschen mit. Wasser aus der Natur muss immer abgekocht werden!

Schnur

Wir haben uns einen ebenen, hoch gelegenen Zeltplatz gesucht.

Du musst die Zeltschnüre spannen, damit der Stoff straff und wasserdicht bleibt.

Thermosflasche
Heiße Getränke
tun gut, wenn
du viele Stunden
draußen bist.

Eimer
Ein Eimer mit Wasser
sollte beim Grillen
immer bereitstehen.

Taschenlampe

Rucksack
für deine Ausrüstung

Kleine Plastikplane
als schneller Regenschutz
oder als Sitzunterlage auf
feuchtem
Untergrund

Erste-Hilfe-Set
Pflaster, Desinfektionsmittel,
Verbandszeug und
Insektenschutzmittel

Bratpfanne

Multi-Tool

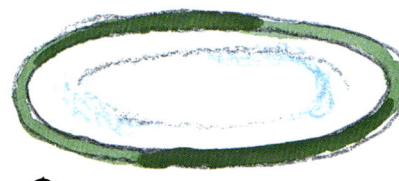

Becher und Teller

Ein Taschenmesser und eine
kleine Axt sind nützlich,
sollten aber möglichst von
Erwachsenen benutzt werden.

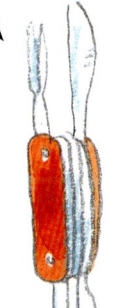
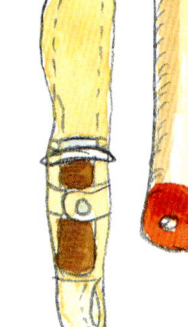

Wasserdichte Beutel
Die gibt es in Outdoor-
Shops oder online. Sie
halten die Ausrüstung
- vor allem Kameras und Handys -
trocken.

Sei erfinderisch

Erfindungsreichtum gehört zum Camping-
spaß dazu. Wenn du also keinen Eierbecher
für dein gekochtes Ei hast, was machst du?
Probier's mal mit einem zusammen-
geknäuelten Papiertaschentuch, einer
Socke, Moos oder Gras.

Abendkonzert und Morgenchor

Eine Übernachtung im Zelt ist ein unvergessliches Er-lebnis. Wenn es dunkel wird, leg dich zurück und lausche dem Abendkonzert der Tiere, bis du einschläfst: Mücken summen, Eulen rufen, Grillen zirpen, Füchse bellen, vielleicht quorrt sogar eine Waldschnepfe. Du wirst tief und fest schlafen, bis es hell wird und dich der Morgenchor der singenden Vögel und Insekten weckt.

Der Ruf eines Seetauchers ähnelt dem von Gänsen.

Schatten-theater
Mit einer Taschen-lampe kannst du Schattentiere projizieren.

Die Schleiereule kreischt.

„kraich! kraich! kraich!"

Es ist nur eine Eule!

Was ist das für ein gruseliges Geräusch?

14

Drosseln singen.

Mücken summen.

Schnepfen quorren und pfeifen.

"Bsssss!"

Bekassinen meckern und kreischen.

Zaunkönige schimpfen: "Tick, tick, tick!"

Heuschrecken zirpen.

Mauersegler rufen hoch und schrill.

"Sirrrr!"

Die Rufe der Fledermäuse sind zu hoch, als dass wir sie ohne Fledermausdetektor hören könnten.

Sandregenpfeifer

Watvögel haben klagende Rufe.

"Wa! Wa! Wa!"

Alpenstrandläufer

Füchse bellen und keckern.

Lagerfeuer

Die flackernden Flammen und der rauchige Holzgeruch eines Lagerfeuers sind wundervoll. Aber pass auf, wo du Feuer machst, und lass dir von einem Erwachsenen helfen. Ein sicherer Platz für ein Feuer ist ein Strand, wo man die Glut leicht löschen kann. An manchen Wanderrouten liegen auch eigens ausgewiesene Grill- und Feuerplätze. Versuch mal, am Lagerfeuer ein paar einfache Gerichte zu kochen. Das ist ein unvergessliches Erlebnis.

Du brauchst:

Zum Anmachen: trockene Zweige, trockenes Gras oder Borke

So macht man Feuer

Stell sicher, dass ein Erwachsener dabei ist. Lege einen Kreis aus Feldsteinen. Alle Dinge, die Feuer fangen könnten, wie trockene Zweige und Laub, musst du beiseiteräumen. Lege dein Anmachholz in den Steinkreis und staple ein paar trockene Zweige wie ein Tipi darüber. Wenn das Feuer brennt, lege größere Äste nach. Behalte dein Feuer immer im Auge und lege bei Bedarf neues Holz nach.

Steinkreis

Eimer

Streichhölzer (in einer Plastiktüte trocken halten)

Räume hinterher auf, sodass keine Feuerspuren mehr zu sehen sind.

Lösche die Glut vollständig mit Wasser.

Über dem Lagerfeuer gekochtes Essen schmeckt noch mal so gut!

VORSICHT

Benutze niemals Öl, Benzin oder Diesel zum Feueranmachen und lösche das Feuer hinterher mit Wasser. Die verkohlten Reste müssen sich kalt anfühlen. Stell sicher, dass Feuer dort, wo du eines machen willst, erlaubt sind. In Naturschutzgebieten ist das nämlich oft verboten. Entzünde niemals Feuer direkt am Zelt, nahe an einem Gebüsch oder auf trockenem Gras.

VORSICHT

Es ist besser, ein kleines Feuer zu machen. Wenn du zu viel Holz nachlegst, könnte es außer Kontrolle geraten und es wird zu heiß, sodass du nicht nah dran sitzen kannst. Jedes Feuer kann sich ausbreiten – wenn man es lässt!

Schokoladenorange

Schokoladenorangen

1. Halbiere eine Orange. Iss das Fruchtfleisch und fülle die Schale zur Hälfte mit Schokoladenkuchenmischung (am besten einer Fertigmischung).
2. Wickle die Orange locker in Alufolie, nachdem du die Orangenhälften wieder aufeinandergesetzt hast.
3. Lege das Päckchen in die Glut abseits der Flammen.
4. Nach etwa einer halben Stunde kannst du einen Kuchen genießen, der nach Orange, Schokolade und ein bisschen rauchig schmeckt. Lecker!

Feuer-schmaus

Probier doch mal ein paar unserer leckeren Rezepte aus!

Marshmallows:

Spieße ein Marshmallow auf einen Stock und halte es über das Feuer. Wenn es außen knusprig und innen dickflüssig ist, ist es fertig!

Folienkartoffel

1. Schale sauber schrubben.
2. Kartoffel in Alufolie wickeln.
3. Für etwa eine Stunde in die Glut am Rande des Feuers legen, bis sie sich weich anfühlt.
4. Mit Butter und Salz essen.

Kanu-Abenteuer

Wenn du am Rand eines Sees oder Flusses entlangpaddelst, kommst du der Natur sehr nahe. Wie ruhig und friedlich es ist – man hört nur den Rhythmus der Paddel und das Plätschern des Wassers. In einem Kanu scheinen die Tiere Menschen nicht zu fürchten, auch wenn sie sonst vor ihnen fliehen. Mit Freunden, Geschwistern und den Eltern muss man als Team zusammenarbeiten. Vorne sitzt der „Motor", wer hinten sitzt, muss paddeln und steuern.

Enten und Lappentaucher haben ein buntes Federkleid.

Der klagende Ruf der Seetaucher klingt unheimlich. Du kannst ihn beim Abenteuerurlaub hoch im Norden Europas hören.

Wir kamen einmal so nah an einen Biber heran, dass wir ihn fressen hörten. Es klang wie eine alte Schreibmaschine.

Platsch!

Bei Gefahr klatscht ein Biber mit seinem Schwanz aufs Wasser.

Das macht Spaß!

Miete ein Kanu

Es gibt Veranstalter, die Kanutouren anbieten, aber du kannst Kanus auch bei einem Verleiher mieten. Schau dir doch mal mit einem Erwachsenen die Angebote im Internet an.

Binde Schilfrohr mit Gras zusammen. Als Segel dient ein auf ein Stöckchen gespießtes Blatt.

Stecke Seerosenblätter mit ihren Stängeln zusammen.

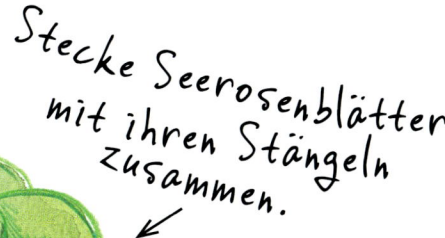

Binde Stöckchen mit Gras zusammen und setze ein Papiersegel.

Bastle ein Mini-Floß

Veranstalte einen Mini-Floß-Wettbewerb mit Flößen aus Seerosenblättern, Schilfrohr, Stöckchen, Federn und Gras. Es gibt zwei Preise: einen für das schönste Floß und einen für das, das am weitesten segelt.

Bastle ein Rindenboot mit Federsegel.

Halte Ausschau nach Seerosenblättern und ihren langstieligen Blüten – oft landen dort Libellen.

VORSICHT

Kannst du schwimmen? Wenn nicht, solltest du es lernen. Trage immer eine Schwimmweste, auch wenn du nicht weit paddelst.

19

Angeln

Bastle dir deine eigene Angel und fange fürs Abendessen einen Fisch. Es kann natürlich sein, dass keiner anbeißt, aber auch diese Erfahrung muss man einmal gemacht haben. Da man nicht einfach überall angeln darf (in Deutschland brauchst du einen Angelschein), oder wenn du keinen Fisch töten möchtest, kannst du den Fisch für unser Rezept auch kaufen.

Fischadler kreisen, rütteln und fangen Fische im Sturzflug.

Kormorane schwimmen bei der Fischjagd unter Wasser.

Halte Ausschau nach Seeschwalben, die am Meer und an großen Seen nach Fischen tauchen.

„Sei still und die Erde spricht zu dir." Sprichwort der Navajo-Indianer

Graureiher sind Fischfang-experten.

Fische füttern macht Spaß.

VORSICHT
Hole die Angel-leine vorsichtig ein. Die Haken sind spitz.

Flussbarsche schmecken gut, aber ihre Flossen haben spitze Stachelstrahlen.

Frische Makrelen sind ein Leckerbissen und werden häufig auf Märkten und in Läden an der Küste verkauft.

In Zuchtteichen findet man oft Regenbogenforellen.

Bau eine Angel

Du brauchst:
– einen stabilen, biegsamen Ast, z. B. von Hasel oder Eberesche
– Angelschnur aus dem Angelladen
– Angelhaken
– kleine Schwimmer oder runde Gewichte

1. Bitte einen Erwachsenen, Seitenäste abzuschneiden.
2. Binde die Angelschnur an einem Ende so fest, dass auch ein starker Fisch sie nicht abreißen kann.
3. Fädle einen Schwimmer oder ein Gewicht auf.
4. Befestige den Haken vorsichtig an der Angel.

Ein kleiner Hecht schmeckt lecker, aber er hat viele Gräten.

Ein Fischrezept

Du brauchst:
– einen (von einem Erwachsenen) ausgenommenen, gewaschenen Fisch
– Alufolie
– ein kleines Stück Butter
– eine Prise Salz

1. Salze den Fisch und wickle ihn mit der Butter in Alufolie.
2. Lege das Päckchen 15–20 Minuten in die Glut des Lagerfeuers.
3. Der Fisch ist gar, wenn das Fleisch von den Gräten fällt und weiß ist. Es sollte gut riechen – verlass dich auf deine Nase!

Das ist ein guter Angelknoten.

Wickle deinen Fisch in Alufolie ...

... und brate ihn über dem Lagerfeuer.

So auffädeln und festziehen!

Brot

Käse

Mehlwurm

Köder

Tieren auf der Spur

Matschige Wege sind toll. Man kann durch Pfützen platschen und Schlammspuren hinterlassen. Und man kann Tierspuren im Schlamm entdecken – also achte auf die Trittsiegel. Auf diese Weise findest du leicht heraus, welche Tiere es in der Gegend gibt. Bei einem Urlaub in Lappland haben wir eines Tages auf dem Heimweg durch ein Sumpfgebiet eine Braunbärfährte über unseren alten Fußabdrücken gefunden.

Schau auf Seite 40 nach, wie man Gipsabdrücke macht. Dann kannst du Tierspuren mit nach Hause nehmen.

Schau, die Spuren! Hier ist ein Wildwechsel!

Zugefrorene Pfützen sind klasse!

Reiher

Krähe

Füße mit Schwimmhäuten von Enten und Möwen

Fraßspuren von Bibern

Von einer Möwe geleertes Ei

Fuß- und Schnabelspuren eines Brachvogels

Brachvogel

Biber

angenagte Feder

Angenagte Federn deuten auf einen Räuber mit Zähnen hin.

Von einem Otter gefressener Hecht

Dachs

Braunbär und Wolf

Katze

Seehund

Otter

Grauhörnchen

Schleifspuren im Sand – ein Seehund

Fuchs

Hermelin

Wild-schwein

Maus

Reh

Hermelin und Mauswiesel

Ein Pferd mit Hufeisen

Fuchslosung hat gedrehte Enden.

Mäusekot

Beeren pflücken

Holunderbüsche findet man oft am Wegesrand. Blätter, Zweige und unreife Beeren darf man nicht essen. Sie sind giftig. Pflücke also nur die reifen blauschwarzen Beeren und koche sie vor dem Essen. Holundersirup schmeckt mit Wasser verdünnt am besten. Brombeeren kann man immer essen und für leckere Kuchen und Nachtisch verwenden. Also auf geht's – aber beachte die Sicherheitshinweise!

Seidenschwänze, Spatzen und viele andere Vögel lieben Beeren.

Habichte jagen gern kleine Vögel entlang von Hecken.

VORSICHT

Unreife Holunderbeeren und alle grünen Teile der Pflanze enthalten Gift. Deshalb nach dem Anfassen immer Hände waschen! Meide Büsche an der Straße und pflücke die Beeren über Kniehöhe, damit du keine Beeren sammelst, die durch Tierharn verunreinigt sind.

Das ist Holunder. Ich kenne den Geruch...

...und ich habe Mama gefragt!

Holunderbüsche

Mit Holunder meint man meist den Schwarzen Holunder (Sambucus nigra). In Mitteleuropa gibt es aber noch zwei weitere Arten. Der Rote Holunder (Sambucus racemosa) wächst in höheren Lagen. Der Zwergholunder (Sambucus ebulus) stammt aus dem Mittelmeergebiet und ist sehr giftig. Die Beeren des Schwarzen Holunders kann man zu Marmelade oder Saft bzw. Sirup verarbeiten – aber auf keinen Fall roh essen! Man kann auch aus den weißen Blüten Sirup kochen.

Brombeergestrüpp ist wichtig als Lebensraum für Insekten und Reptilien und als Brutstätte für Vögel.

Kaninchen und (Wühl-) Mäuse leben auch dort. Sie locken hungrige Raubtiere wie Füchse und Wiesel an.

Brombeer-Apfel-Streusel

Habt ihr Äpfel im Garten? Wenn nicht, besorgt beim nächsten Einkauf ein paar gute Äpfel zum Backen – sie passen mit Brombeeren perfekt zu einem leckeren Crumble.

Du brauchst:
- 125 g Butter
- 75 g Zucker
- 200 g Mehl
- 400 g Brombeeren und Äpfel etwa zu gleichen Teilen
- 2 gehäufte EL Zucker zum Bestreuen der Früchte

1. Wasche dir zuerst die Hände.
2. Verknete Butter, Mehl und Zucker mit den Fingern zu Streuseln.
3. Lege die Brombeeren zehn Minuten in Wasser und entferne Kelchblätter und Stiele erst nach dem Waschen.
4. Schäle die Äpfel und schneide sie in Stückchen.
5. Fülle das Obst in eine gefettete Auflaufform, streue Zucker darüber und bedecke alles mit den Streuseln.
6. Stelle die Form auf einen Rost im Ofen und backe bei 170 °C (Gas Stufe 4), bis die Streusel braun sind – etwa 30 Minuten. Sei vorsichtig, wenn du den Crumble aus dem Ofen holst – er ist so heiß wie Lava!

Holunder- blüten

Holunder- beeren

Holundersirup

① Koche etwa 1 kg Beeren mit Wasser bedeckt 20 Minuten in einer tiefen Pfanne.
② Abkühlen lassen. Masse dann durch ein sauberes Geschirrtuch pressen.
③ Gib pro Liter Flüssigkeit 1 kg Zucker und zwölf Nelken zu. Erneut aufkochen.
④ In sterilisierte Flaschen abfüllen.

Zum Trinken 2 EL Sirup in einem Becher heißen Wasser mit etwas Zitronensaft verrühren.

VORSICHT
Lege die Beeren immer eine Weile in Wasser und spüle sie gut ab. Koche sie vor dem Essen, dann bist du vor Ungeziefer und Parasiten sicher.

Brennnessel und Löwenzahn

Die Natur bietet nicht nur Beeren als Nahrungsmittel. Du weißt, dass Brennnesseln brennen, aber wusstest du auch, dass man aus ihnen eine leckere Suppe kochen kann? Bei einem Waldspaziergang im Frühling findest du auf kalkhaltigem Boden Bärlauch. Man erkennt ihn an seinem Knoblauchgeruch. Die milchige Flüssigkeit von Löwenzahnstängeln kannst du als Geheimtinte benutzen.

Schlüpfender Schmetterling

Admiral

Kreuzspinne

Marienkäferlarven fressen Blattläuse.

Großer Kohl-weißling

Brennnesselsuppe

Im Frühsommer kann man aus jungen Brennnesselblättern eine feine Suppe kochen.

Du brauchst:
– zwei Handvoll junge Brennnesseltriebe
– 1 Zwiebel
– 1 Kartoffel
– 1 Stückchen Butter
– 1 Würfel Gemüsebrühe
– 1,5 l Wasser

1. Pflücke junge hellgrüne Brennnesseln. Trage dabei Handschuhe. (Keine Angst, nach dem Kochen brennen sie nicht mehr.)
2. Brennnesseln vor dem Kochen waschen.
3. Zwiebel würfeln und Kartoffel in kleine Stückchen schneiden.
4. Butter in einem Topf erhitzen.
5. Fein gehackte Zwiebel und Kartoffel zugeben. Bei schwacher Hitze dünsten, bis die Zwiebel glasig ist. (Ein Erwachsener sollte helfen!)
6. Nesseln, Wasser und Brühwürfel zugeben.
7. Mit Deckel etwa zehn Minuten köcheln lassen (bis die Kartoffel gar ist), dann pürieren.
8. Mit Salz und Pfeffer abschmecken.

VORSICHT
Pflücke nie, wo Unkrautvernichtungsmittel oder anderes Gift gesprüht wurden!

Schmetterlings-raupe

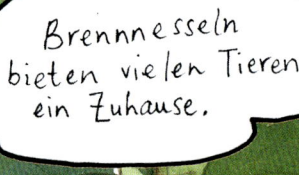

Brennnesseln bieten vielen Tieren ein Zuhause.

Bärlauch-Käse-Aufstrich

Du brauchst:
- eine Handvoll Bärlauchblätter, klein gehackt
- eine Handvoll geriebenen Parmesan oder Cheddar
- 50 g Pinienkerne oder Walnüsse
- 1 gestrichenen TL Salz
- ½ TL Zucker
- 100 ml Olivenöl

Gut verrühren. In einem Schraubglas im Kühlschrank aufbewahren.

VORSICHT

Bärlauch wächst im Wald, oft in der Nähe giftiger Maiglöckchen oder Hasenglöckchen. Damit du die Blätter nicht verwechselst, pflücke nur solche, die stark nach Knoblauch riechen.

Hasenglöckchen

Bärlauch liebt schattige Wälder – wie der Specht!

Marienkäfer

Pusteblume

Bärlauchsalat

Pflücke eine Handvoll Bärlauchblätter, schneide sie klein und gib sie zu deinem Lieblingssalat.

Bärlauch-Toast

Bärlauchblätter hacken, mit geriebenem Käse mischen, auf Brot geben und kurz unter den Backofengrill schieben.

Hummel

Löwenzahn

Spaß mit Löwenzahn

Pusteblumen

Pusteblumen nennt man die flauschigen Fruchtstände des Löwenzahns. Die Fallschirmfrüchte werden vom Wind verbreitet. Wie oft musst du pusten, bis alle weggeblasen sind?

Löwenzahnschrift

Mit der Milch des Löwenzahns kann man Geheimbotschaften schreiben. Pflücke eine Löwenzahnblume und schreibe mit dem austretenden Milchsaft eine geheime Botschaft. Man kann sie erst lesen, wenn sie getrocknet ist.

Löwenzahnkranz

Ritze mit dem Daumennagel ein Loch in den Stängel und fädle einen zweiten Stängel durch – immer so weiter, bis der Kranz auf deinen Kopf passt. Verbinde die erste und die letzte Blume. So lassen sich auch Armbänder oder Halsketten machen.

Ich schreibe was Geheimes!

Abenteuer Sandstrand

Ganz gleich zu welcher Jahreszeit – am Meer findest du immer interessante Gegenstände, die von der Flut angespült wurden: die Knochen eines Meeresbewohners, blank geschliffenes Treibholz, Muschelschalen, Schneckengehäuse, Algen … Im Spülsaum gibt es ständig neue Überraschungen. Also: Geh auf Entdeckertour!

Möwenfeder

Strandgut kann aus der Natur stammen …

… oder von Schiffen und aus Häfen, also von uns Menschen.

Von Sonne und Salz gebleichte Schädel

Tordalk

Otter

Möwe

Das ist sicher eine Hummerkorb-Markierungsboje!

Austernfischer

Strandkunst
Baue eine Skulptur aus Dingen, die du am Strand findest.

Papageitaucher

Weitsprung

Sandstrände eignen sich prima für Weitsprungwettbewerbe. Legt einen Absprungpunkt fest, den man nicht übertreten darf. Mit einem Stock markiert ihr, wo ihr gelandet seid. Wer kann am weitesten springen? Probiert verschiedene Sprungtechniken und unterschiedlich lange Anläufe aus.

Jetzt ich!

VORSICHT

Geh nicht allein an den Strand. Unternimm das Abenteuer mit einem Freund oder einer Freundin. Und informiere eine erwachsene Person.

Spring!

Haare aus trockenem Tang

Augenbrauen aus Feder und Seil

Mies- muschel- Ohren

Napf- schnecken als Augen

Treibholznase

Bart aus frischem Tang

Halte Ausschau nach Watvögeln wie dem Sanderling. Sie laufen am Strand entlang und stochern im Sand nach Würmern und anderen Wirbellosen.

Strandgesichter

Ein nettes Spiel für jedes Alter ist ein Strandgesichter-Wettbewerb. Gestalte ein Gesicht aus Strandgut: Tang als Haare und Mund, Muscheln und Schnecken als Augen, Federn als Augenbrauen. Vergiss das Erinnerungsfoto nicht! Solche Collagen kann man auch im Wald, im Park oder im Garten machen.

29

Abenteuer Felsküste

An einer Felsküste gibt es viel zu entdecken – von Kieselsteinen und Fossilien bis zu Gezeitentümpeln und Krabben. Kieselsteine sind fantastisch. Jeder ist ein einzigartiges Meisterwerk der Natur – ein im Laufe der Zeit von Wasser und Wellen glatt geschliffener kleiner Gesteinsbrocken. Viele Watvögel kommen in die Gezeitenzone. Versuche doch mal, die Arten zu bestimmen. Wie viele kannst du entdecken?

Sammle Kiesel oder Muscheln mit Löchern und fädle sie auf.

Wurfübung

Errichte einen kleinen Steinhaufen oder stelle ein Stück Treibholz auf. Markiere eine Abwurflinie und sammle ein paar runde Kiesel. Pass auf, dass sich niemand in der Wurfbahn befindet. Wie gut kannst du treffen?

Mit Steinen Muster zu legen macht Spaß!

Kormorane breiten ihre Flügel zum Trocknen aus.

Alles eine Frage der Balance!

Steinskulptur

Schichte einen Steinturm auf. Schau dir die Steine genau an, vielleicht verbergen sich Fossilien oder Quarzadern darin.

Prima!

Steinehüpfen

Suche flache Kiesel und probiere, wie weit du sie hüpfen lassen kannst. Dazu brauchst du ruhige See. Übung macht den Meister!

VORSICHT

Geh nie bei stürmischem Wetter auf die Felsen und achte immer auf die Gezeiten, damit dein Rückweg nicht von der Flut abgeschnitten wird.

Holz-griff

Angelschnur

Gewicht

Klammer

Schinken

Krabbenfischen

Wie wäre es mit Krabbenfischen? Bastle dir eine Krabbenangel aus einer Wäscheklammer, Angelschnur und Treibholz. Die Krabbe schnappt den Köder und lässt nicht mehr los.

Setz deine Krabben in einen Eimer mit Wasser und etwas Tang!

Unbedingt später dort aussetzen, wo du sie gefangen hast.

Gezeitentümpel sind besondere Lebensräume voller kleiner Tiere. Hock dich hin und schau. Wie viele Lebewesen siehst du?

Strand-krabbe

Seestern

Seeanemone

Einsiedler-krebs

31

Polarstern
Großer Wagen (Großer Bär)
Kleiner Wagen (Kleiner Bär)
Zwillinge
Löwe
Krebs
Jupiter (ein Planet)
Venus (ein Planet)
Wünsch dir was, wenn du eine Sternschnuppe siehst!

Orion

Der Nachthimmel

In einer klaren Nacht den Himmel zu betrachten lohnt sich. Jeder Stern in einem Sternbild ist eine Sonne, um die vielleicht – wie um unsere – Planeten kreisen. Der erdnächste Stern, unsere Sonne, liegt 150 Millionen Kilometer entfernt. Sternschnuppen sind Meteoriten, die in der Erdatmosphäre verglühen. Das sieht man als Leuchtspur. Schau einfach heute Nacht zum Himmel – Teleskope und Sterne-Apps sind hilfreich.

← Hundsstern
(Sirius)

Der Mond
Beobachte die Mondphasen vier
Wochen lang – von der schmalen
Sichel des zunehmenden Mondes
bis zum nächsten Neumond.

Großer Hund

Blick auf den Mond

Der zu- und abnehmende Mond hat etwas Magisches. Die Mondphasen entstehen dadurch, dass die Sonne ihn bescheint, während die dunklen Abschnitte im Erdschatten liegen. Der „Mann im Mond" ist ein Muster aus Meteoritenkratern.

zunehmender Mond

erstes Viertel

zweites Viertel

Vollmond

drittes Viertel

letztes Viertel

abnehmender Mond

Neumond

Wolken beobachten

Hast du schon bemerkt, dass die verschiedenen Wolkenbilder mit dem Wetter zusammenhängen? Von flauschigen Haufenwolken (Cumulus) über die zarten Bänder der Federwolken (Cirrus) und die Schäfchenwolken (Cirrocumulus) bis hin zu den sich hoch auftürmenden Gewitterwolken (Cumulonimbus): Auf dieser Seite zeigen wir dir die häufigsten Wolkenformationen.

Cirrus – zarte Eiswolken in großer Höhe (10 000 Meter), auch Federwolken genannt.

Insekten fliegen bei gutem Wetter höher als bei schlechtem – und die Schwalben folgen ihnen!

Rauchschwalben haben lange Schwanzspieße, einen glänzend schwarzen Rücken und eine weiße Unterseite.

Mauersegler sind bräunlich-schwarz und haben sichelförmige Flügel.

Cumulonimbus – bedrohliche ambossförmige Gewitterwolken, die Regen, Hagel oder Schnee bringen – und Gewitter!

Cirrocumulus – die kleinen Schäfchenwolken stellen eine weitere hohe Wolkenformation dar.

Cumulus – diese Quellwolken findet man in den unteren Wolkenschichten (2000 Meter).

Regen, Wind und Drachen

An Regentagen bedecken tief hängende graue Wolken den Himmel. Nutze solche Tage doch zum Drachenbasteln – und lass deinen Drachen dann am nächsten windigen Tag steigen! Wenn du die Drachenschnur hältst, während der Drachen sich im Wind bewegt, fühlt sich das fast an, als hättest du ein lebendiges Wesen an der Leine!

Drachenbauanleitung

Du brauchst:

Plastikmüllsack

Schere

Zwei hölzerne Rundstäbe
‹ 45 Zentimeter ›
‹ 60 Zentimeter ›

Klebeband

Schnur

Mit Bindfaden und Klebeband befestigen

Schneide die Plastikfolie passend zu.

knicke sie um und klebe sie fest.

Löcher

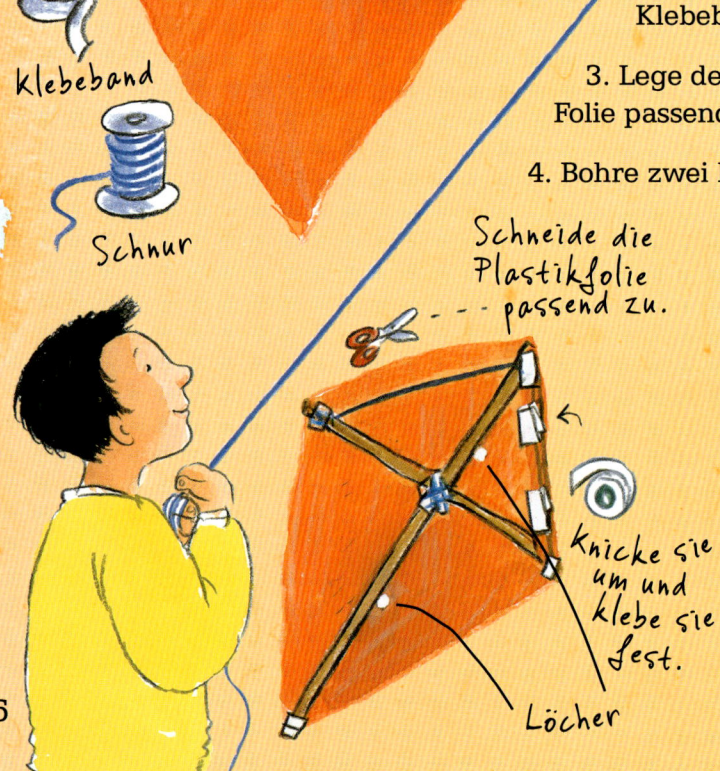

1. Lege den kürzeren Holzstab genau mit der Mitte 20 Zentimeter vom oberen Ende entfernt auf den längeren. Befestige das Ganze mit Bindfaden und Klebeband rechtwinklig aufeinander.

2. Verbinde mit Bindfaden die Enden des Querholzes mit dem kürzeren Ende des Langholzes. Wickle den Faden mehrfach um die Enden, verknote das Ganze und sichere alles zusätzlich mit Klebeband. So wird der Drachenrahmen stabiler.

3. Lege den Rahmen flach auf Plastikfolie, z. B. eine Mülltüte. Schneide die Folie passend zu und befestige sie mit Klebeband am Rahmen.

4. Bohre zwei kleine Löcher entlang des Langholzes in das Plastik (siehe Bild) und verstärke sie mit Klebeband. Fädle ein etwa 20 Zentimeter langes Stück Schnur durch das obere Loch und knote es am Langholz fest. Verfahre genauso beim unteren Loch. Führe die Schnüre durch die Löcher auf die Drachenvorderseite und verknote die Enden. Das ist dein „Zaum".

5. Befestige den Rest der Schnurrolle an deinem Zaum. Je nachdem, wo du die Schnur anbringst, bestimmst du, in welchem Winkel der Drachen fliegt. Vielleicht musst du ein bisschen probieren, bis du den besten Punkt gefunden hast. Aber fang oben am Zaum an.

6. Bring etwa einen Meter Schnur als Schwanz am unteren Drachenende an und binde Stoff- oder Plastikstreifen in regelmäßigen Abständen daran fest.

Bogen, Zwillen, Pfeifen

Es macht Spaß, Dinge zu basteln, die man benutzen kann. Am besten fängst du mit der Pfeife an. Mit Drehbewegungen lässt sich die Rinde in einem Stück ablösen. Aber lass dir unbedingt von Erwachsenen helfen. Das gilt besonders auch für deine Schießübungen und das Basteln von Zwillen, Pfeil und Bogen. Sei vorsichtig und beachte immer die Sicherheitshinweise.

Das muss ein Erwachsener machen!

Du musst den Holzstecken biegen, wenn du die Sehne befestigst.

Du brauchst einen biegsamen Holzstecken.

Schneide Rillen zur Befestigung der Schnur in die Enden.

VORSICHT
Beim Schießen mit Bogen oder Schleuder muss ein Erwachsener aufpassen. Ziele nie auf Menschen oder Tiere. Stecke immer einen Korken auf die Pfeilspitzen. Wenn jemand schießt, stell dich hinter ihn.

Bogen

1. Schneide einen ein Meter langen daumendicken, geraden Zweig ab.
2. Kerbe ihn an den Enden zur Befestigung der Sehne ein.
3. Binde die Schnur an einem Ende fest.
4. Biege den Zweig, ehe du die Schnur in der Kerbe am anderen Ende befestigst.

Wenn du einen Pfeil abschießt, stell dich seitwärts von deinem Ziel auf und halte deinen Schussarm gerade. Wenn dir das Spaß macht: Vielleicht gibt es bei euch einen Verein, in dem man Bogenschießen lernen kann.

Pfeile
Schneide zwei Dreiecke aus Karton zu und falte sie in der Mitte. Schneide einen etwa 60 Zentimeter langen, geraden Stock an einem Ende kreuzweise ein und stecke die beiden geknickten Dreiecke hinein. Umwickle den Spalt mit Klebeband. Stecke einen Korken an das angespitzte Ende.

Halte den Pfeil so zwischen den Fingern!

Zwille

Schneide einen gegabelten Ast auf die passende Größe zu. An den Enden der Gabel wird der Ast rundum eingeritzt. In den Rillen wird das Gummiband (am besten Einkochgummi) befestigt. Du brauchst zweimal 20 Zentimeter Gummi. Zwischen den beiden dicken Gummibändern befestigst du nun eine Munitionstasche aus Leder oder festem Stoff. Lege die Munition in die Tasche, spanne, ziele ... und Schuss!

Kerben an den Gabelenden

Astgabel

Eicheln eignen sich gut als Munition.

Stück Leder oder Stoff

Gummiband oder verknüpfte Gummiringe

Pfeife

Bei Ebereschen- oder Weidenzweigen löst sich die Rinde besonders gut.

← 15 Zentimeter →

① Schneide einen fingerdicken Zweig ab.

② Schneide das Mundstück schräg ab.

③ Kerbe so ein.

Schneide die Spitze gerade ab.

④ Rinde in der Mitte rundum einschneiden.

⑤ Klopfe auf das Mundstückende, bis sich die Rinde in einem Stück abziehen lässt.

⑤ [zweite Pfeife]

Das brauchst du später...

⑥ Vertiefe die Kerbe und schneide hier oben ein Stück ab.

Hier bläst du hinein.

⑦ Schiebe die Rinde wieder darüber.

⑧ Blas hinein. Jetzt hörst du den Ton deiner selbst gemachten Pfeife.

VORSICHT

Messer sind nicht ungefährlich. Benutze sie nur unter Aufsicht. Scharfe Messer sind sicherer als stumpfe!

Schädel, Gewölle und Gipsabdrücke

Schädel, Gewölle und Abdrücke von Trittsiegeln sind spannende Funde. Wenn du magst, kannst du sie mitnehmen und deinen Freunden zeigen. In manchen Schulen gibt es Schaukästen oder Naturtische, wo solche Funde ausgestellt werden. Es gibt aber auch verschiedene Möglichkeiten, sich zu Hause eine Sammlung anzulegen.

Schafschädel

So macht man einen Gipsabdruck

Du brauchst:
– Rucksack
– Gummi- oder Arbeitshandschuhe
– Modellgips
– eine Plastiktüte für das Gipspulver
– Pappstreifen und Büroklammern
– eine Flasche Wasser
– ein Gefäß zum Anrühren der Gipsmasse

Handschuhe anziehen. Gipspulver in das Gefäß schütten. Mit einem Stock Wasser einrühren, bis die Masse die Beschaffenheit von Joghurt hat. Pappstreifen als passend große Gussform um das Trittsiegel stellen und mit Büroklammern zusammenhalten. Für eine Spur aus mehreren Abdrücken brauchst du eine größere Gussform. Gipsmasse etwa fünf Zentimeter hoch in die Form gießen. Je größer die Fährte, desto dicker muss der Gipsabdruck sein.

Gipsabdruck

Schnell härtenden Modellgips gibt es im Baumarkt oder im Bastelladen. Transportiere ihn in einer gut verschlossenen Plastiktüte, damit er nicht feucht und damit unbrauchbar wird. Packe am besten alles in einen Rucksack. Der Gips wird beim Aushärten warm. Nach etwa 20 Minuten ist er hart. Ziehe unbedingt Gummi- oder Arbeitshandschuhe an.

Wasser

Mischgefäß

Pappstreifen

Büroklammer

Fuchsfährte

Von trockenen, sonnen-
gebleichten Schädeln
schüttelt man groben
Schmutz ab und reinigt sie
mit einer alten Zahnbürste.

Trage immer Handschuhe!

Spüle den Schädel in
sauberem Wasser ab.

Gänseschädel

Gewölle

Fell

Wühlmausschädel

Knochen

roschschädel

Spitzmauskiefer

Rippen

Zähne

Spitzmaus-
schädel

Feder

Vogelschädel

Schädel reinigen

Wenn du Glück hast, findest du unterwegs – z. B. am Strand – einen Schädel oder ein paar Knochen, die schon von der Natur gebleicht und gereinigt worden sind. Dann brauchst du zu Hause nicht mehr viel zu machen. Wenn du Pech hast, hängt noch Fleisch dran, vielleicht sogar mit Maden. Dann solltest du dir das Ganze anschauen, fotografieren und liegen lassen! Du kannst ja zu einem späteren Zeitpunkt noch mal nachsehen, ob die Knochen dann sauber genug zum Mitnehmen sind.

Gewölle

Gewölle sind Knäuel aus Federn, Fell und Knochen, die Eulen wieder auswürgen, weil sie sie nicht verdauen können. Man findet sie unter Bäumen oder in alten Scheunen, in denen Eulen schlafen oder brüten, oder unter Zaunpfählen, wo sie nachts sitzen. Auch andere Vögel würgen unverdauliche Reste aus, aber in Eulengewöllen sind die meisten Knochen und Zähne zu finden. Weiche das Gewölle ein paar Minuten in warmem Wasser ein und zupfe es dann mit einer Pinzette auseinander. Klebe die Knochen mit Holzleim auf eine Karte.

Abenteuer im Garten

Auch in eurem Garten oder auf dem Balkon kannst du Abenteuer erleben, selbst wenn du ihn jeden Tag siehst! Von der Fensterbank bis zum Blumenbeet – alles lässt sich mit ein paar Handgriffen in eine Wildtieroase verwandeln.

Bitte einen Erwachsenen, einen Plastikkanister wie auf dem Bild aufzuschneiden. Fülle Erdnüsse oder Sonnenblumenkerne ein.

Hänge ihn am Henkel auf.

Kleine Vögel lieben katzensichere hängende Futterstellen.

Mischung aus Talg und Samen

Binde ein Stück Schnur an ein kurzes Stöckchen und klemme dieses in einen Blumentopf.

Lass Talg oder Schmalz weich werden und mische es mit Erdnüssen und Sonnenblumenkernen. Drücke alles in einen Blumentopf und hänge diesen draußen auf.

Vogelfütterung

Ein interessanter Ast oder ein Stück Treibholz machen sich im Garten gut. Bitte einen Erwachsenen, ein paar Löcher hineinzubohren, und stopfe dort eine Mischung aus Fett mit Nüssen und Samen hinein. So eine Futterstelle lockt Spechte, Kleiber und eine ganze Reihe anderer Vögel an.

Halte Ausschau nach der schillernden Elster.

Schneckenhotel

Schneide seitlich ein Tor in eine halbe Melone oder in eine ausgehöhlte Grapefruit und lege die Schale auf den Boden. Ab und zu anheben, um zu sehen, was sich darunter versteckt!

Schneckenhotel

Insektenhotel

Zusammengebundene hohle Bambus-
stäbe oder markhaltige Stängel-
abschnitte bieten Insekten wie
Wildbienen und Florfliegen
Unterschlupf.

Eine alte Gießkanne
an einem geschützten
Plätzchen ergibt einen
guten Nistplatz.

Hammer und Nägel

Haken und
Ösen

Holztablett

Holz-
Pfosten

Vogeltisch

Ein Vogeltisch bietet
Vögeln das ganze Jahr über
Futter. Du kannst dazu ein
altes Tablett auf einen Pfosten
nageln oder schrauben. Meh-
rere unterschiedlich hohe
Tische sind besonders
schön.

Nistkasten

Nistkästen kann man
fertig oder als Bausatz im
Baumarkt oder online kau-
fen. Hänge den Kasten an
einem geschützten Ort
auf und schau, ob ein
Vogel einzieht!

Die Vögel
werden es
lieben!

Du kannst den
Tisch auch auf der
Fensterbank oder an
einer Wand
befestigen.

Bestimme deine Funde mithilfe von Büchern und Natur-Webseiten.

Weiden-
kätzchen

Rosskastanienknospen

Suche im Frühling
nach hübschen
Knospen.

Hasel-
kätzchen

Angeln (S. 20-21)
Schnappschüsse

Muschelgesicht (S. 29)

Boot basteln
(S. 19)

Schmetterlingsflügel

Strandgut (S. 28)

Tinten-
fisch-sch...

An einem
Zaun gefun-
denes Fuchsfell

Fädle Steine mit Löchern auf (S. 30).

Gipsabdruck (S. 40)

Skizzenbuch

Ton-
scherbe

Die Natur bei dir zu Haus

Mit einer Sammlung kannst du einige deiner Naturfunde nach Hause holen: Federn, Muscheln, Beeren, Blätter, Gipsabdrücke, Strandgut. Bastle oder kaufe Etiketten, auf die du Datum, Namen und Fundort schreibst. Stelle das Ganze dann in Vasen, luftdichten Marmeladengläsern oder wiederverschließbaren Plastikbeuteln aus. Was gerade nicht gezeigt wird, kannst du in Schachteln aufheben. Eine tolle Art, sich an Naturabenteuer zu erinnern.

Der Sioux-Indianer Black Elk sagte einmal: „Mögest du immer in Schönheit wandeln!"

Na dann — auf geht's!

Sammle im Herbst hübsche Samen und Früchte.

Präsentiere deine Ausstellung auf dem Fensterbrett oder auf einem kleinen Tisch.

Treibholz

Blätter mit Herbstfärbung sind hübsch.

chädel reinigen (S. 41)

Seeigel

angepickte Eischale

Kiefernzapfen als Wetterprophet (S. 35)

Fossilien

farbige Glasscherbe

Gewölle (S. 41)

Kastanie

Eichel

Buchecker

Ahornfrüchte

Suche Federn und verziere deine Hütte (S. 10).

Kaninchenlosung

Krabbenfischen (S. 31)

Glossar

Bakterien – Mikroorganismen ohne Zellkern. Manche Bakterien helfen beim Kompostieren, andere verursachen Krankheiten, wieder andere machen z. B. Joghurt.

Collage – ein Bild, bei dem verschiedene Materialien (z. B. Stoff oder Papier) auf einer Unterlage befestigt werden

Fledermausdetektor – ein Gerät, das die sehr hohen Töne (Ultraschall) von Fledermäusen für uns hörbar macht

Fraßspur – Spur, die durch den Vorgang des Fressens z. B. an Wurzeln oder Früchten sichtbar ist

Gips – ein weißes Mineral, das man als Pulver mit Wasser mischen und dann in Formen gießen kann

Hering – nicht nur ein Fisch! Als Heringe bezeichnet man auch die Verankerungsstifte für Zelte.

Köder – Futter zum Anlocken und Fangen von Fischen oder anderen Tieren

Larven – Jugendstadien von Wirbellosen wie z. B. Raupen oder Maden, aber auch von Fischen und Amphibien

Losung – Kot von Wildtieren

Meteore – in die Erdatmosphäre eintretende kleine Himmelskörper

Meteoriten – kleine Himmelskörper. Wenn sie in die Atmosphäre eintreten, nennt man sie Meteore

Mikroorganismen – winzig kleine Lebewesen, die man nur unter einem Mikroskop sehen kann

Parasit – Lebewesen, das aus dem Zusammenleben mit anderen Lebewesen einen Nutzen für sich zieht, während es die anderen schädigt

Planet – Planeten kreisen um Sterne. Die Erde ist ein Planet, der um die Sonne kreist.

Sirup – stark eingedickter Saft, in der Regel mit viel Zucker

Spülsaum – schmaler Streifen am Ufer, an dem sich durch Wind, Wellen oder Strömung Strandgut ansammelt

Sternbild – eine Gruppe von Sternen, die an ein Tier oder einen Gegenstand erinnert

Strandgut – vom Meer an den Strand gespülte Gegenstände

Tipi – ein kegelförmiges Zelt mit hölzernen Zeltstangen

Totholz – abgestorbene Bäume oder deren Teile, ein wichtiger Lebensraum für Insekten und andere kleine Tiere

Treibholz – am Strand angespültes Holz

Trittsiegel – Fußabdruck von Tieren in weichem Untergrund

Wildwechsel – vom Wild regelmäßig benutzter Pfad

Wirbellose – Tiere ohne Wirbelsäule wie Insekten oder Würmer

TIPPS FÜR NATURFREUNDE

Es gibt eine große Zahl an Organisationen, die sich der Natur und dem Umweltschutz widmen. Kinder- und Jugendgruppen bieten Freizeiten, Veranstaltungen und Ausflüge an, bei denen du Spaß und Abenteuer in der Natur erleben kannst. Es gibt sie in fast allen Städten und Regionen.

Deutschland

Die **Naturschutzjugend** (NAJU) des Naturschutzbundes Deutschland e.V. (NABU) ist einer der größten Jugendumweltverbände in Deutschland. Es gibt mehr als 1000 Kinder- und Jugendgruppen, die spannende Aktionen und Projekte zum Naturschutz durchführen. Informieren kannst du dich auf den Internetseiten www.naju.de und www.najuversum.de

Auch in der **BUNDjugend** kannst du dich für die Natur engagieren. Sie bietet Jugendgruppen, Projekte, Aktionen, Seminare und Freizeiten an, sicherlich auch in deiner Nähe. www.bundjugend.de

Bei **Greenpeace** können Kinder und Jugendliche zwischen zehn und 14 Jahren Mitglieder der Greenteams werden oder sogar selbst ein Team gründen! Wie, erfährst du unter www.kids.greenpeace.de

Das Motto der **Deutschen Wildtierstiftung** lautet „Alle Achtung vor unseren Tieren". Wie du die Tiere und die Umwelt deiner Heimat schützen kannst, erfährst du auf der Internetseite www.deutschewildtierstiftung.de

Österreich

Die **Österreichische Naturschutzjugend** (önj) bietet überall in Österreich viele spannende Unternehmungen an, z.B. Erlebnistouren in die Natur, Umweltspiele und Zeltlager. Auf der Internetseite www.oenj.at kannst du dich informieren, welche Aktivitäten die önj in deiner Nähe im Programm hat.

Schweiz

In der Schweiz gibt es rund 50 Jugendnaturschutzgruppen, die zum Naturschutzverband **Pro Natura** gehören. Unter dem Stichwort Umweltbildung möchte Pro Natura Begeisterung für die Natur wecken. Jugendzeltlager und spannende Touren in die Natur bieten dazu die Möglichkeit. Informieren kannst du dich unter www.pronatura.ch oder www.umweltbildung.ch

NATURBÜCHER FÜR DIE GANZE FAMILIE BEI GERSTENBERG

Virginie Aladjidi, Emmanuelle Tchoukriel: **Riesen, Zwerge, Schwergewichte. Über 100 Naturrekorde**, ab 4 Jahren. Der höchste Vulkan, der älteste Baum, der kälteste Ort der Erde … Staune in diesem wunderschön illustrierten Buch über die spektakulärsten Naturrekorde!

Jo Elworthy, Eleanor Taylor: **Erbse, Apfel, Sonnenblume. Gärtnern mit Kindern**, ab 5 Jahren. Lerne alles über Blumen, Gemüse, Früchte und Kräuter! Dieses fröhlich gestaltete Bilderbuch weckt bei Jung und Alt die Lust am Gärtnern.

Anke M. Leitzgen, Thekla Ehling, Judith Drews: **Meine Gartenwerkstatt**, ab 6 Jahren. Schmetterlinge züchten, Kopfstandtomaten pflanzen, Eisbilder zaubern … Dieses Aktivbuch zeigt dir, welche spannenden Dinge du rund ums Jahr im Garten unternehmen kannst.

Mick Manning, Brita Granström: **Im Wald, am Meer und vor der Haustür. Natur entdecken mit Kindern**, ab 8 Jahren. Mit diesem Bestimmungs- und Aktivbuch kannst du Spuren lesen, Vögel beobachten, die Sprache der Tiere nachahmen und vieles mehr. Die ganze Familie bekommt Lust, die Natur zu jeder Jahreszeit zu entdecken!

Charlotte Voake: **Linde, Weide, Apfelbaum. Bäume bestimmen mit Kindern**, ab 8 Jahren. In diesem Bestimmungsbuch werden rund 40 Bäume liebevoll illustriert und beschrieben. Mit genügend Platz für eigene Notizen und Baumstudien!